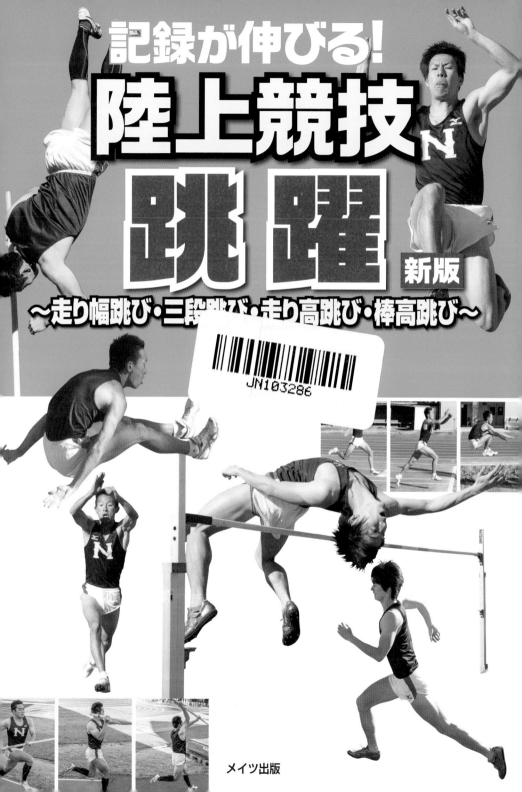

記録が伸びる!

陸上競技

跳躍 新版

~走り幅跳び・三段跳び・走り高跳び・棒高跳び~

JN103286

メイツ出版

走高跳
high jump

棒高跳
pole vault

はじめに

　跳躍競技はシンプルながらも「走りながら、跳ぶ」という動作を行うスポーツです。これには跳躍するための筋力はもちろん、難しい技術の習得がなければ好記録は期待できません。

　学校の体育授業や部活動では、走幅跳や走高跳は競技経験のある種目かもしれませんが、棒高跳や三段跳などの種目は、高校や大学で専門的に競技する一部の選手しか馴染みがありません。専門的にコーチングできる指導者の数もまだまだ十分でないと考えています。

　世界のトップ選手と日本人選手を比較すると、現状では多少の差は否めません。世界トップレベルの選手たちは、例外なく基礎体力がしっかりしていて、あらゆる状況や環境下でも高いパフォーマンスを発揮できるため、本番で結果を残せています。過去には日本人選手が世界記録を樹立したり、オリンピックでメダルを獲得

走幅跳
running long jump

三段跳
triple jump

したこともあるように、決して日本人に
チャンスがないわけではなく、跳躍技術
を磨きさえすれば活躍できるというのが
跳躍競技と言えるのです。

　この本は専門的な指導者がいなくて
も、跳躍競技に取り組みたい生徒・選手
が基礎からみっちりマスターできる内容
になっています。国内の学生トップ選手た
ちのフォームをお手本に、技術の解説や
ポイント、注意点、ルールや練習法など

を紹介しています。早い段階で正しい
フォームを身につけ、成長とともにスキル
アップしていくことをおすすめします。こ
の本がその手助けとなれば幸いです。

日本大学陸上競技部　跳躍ブロックコーチ
森長 正樹

この本の使い方

この本では、陸上競技の跳躍種目である走高跳と棒高跳、走幅跳、三段跳で上達するためのコツを紹介しています。

4種目それぞれの技術をフォームや注意点、ルール、トレーニング法の順で解説しているので、読み進めることで着実にレベルアップすることができます。

トップクラスの選手たちのフォームを参考にして、正しい技術を身につけましょう。また、特に知りたい、苦手だから克服したいという項目があれば、その項目だけをピックアップしてチェックすることもできます。

各ページには、紹介しているコツをマスターするためのPOINTがあげられています。理解を深めるための助けにしてください。さらに巻末には、4種目共通の下半身や体幹を鍛えるトレーニングとQ&Aのページも設けております。日々の練習や試合で参考にしましょう。

タイトル
このページでマスターするコツとテクニックの名前などが一目でわかるようになっている。

PART 1
コツ
01
走高跳フォームの流れ
体を反らせて背面からバー

CHECK POINT!
1 スピードを維持しつつ踏み切りの体勢に入る
2 カカトから接地して踏み切りに入る
3 体の軸をキープしながら腕と足を振りあげる

軸をキープして腕と足を高く

かつて走高跳は、多くの選手がベリーロールのフォームを用いてたが、60年代後半に登場した「背面跳び」が現在の主流フォームとなっている。

フォームで最初にポイントとなるのが助走だ。スピードをつけて助走に入り、バーに対して曲線で入って片足で踏み切って跳躍する。踏み切りで

は体の軸をキープし
ことで高くジャンプ
一歩前の足の接地方
空中姿勢はしっか
いく。アゴをあげ、頭
に引っかからないよ
写真はP14～）

10

CHECK POINT
コツをマスターするためのポイントを紹介している。
練習に取り組む際には、常に意識しよう。

ぶ越す

POINT ❶ スピードを維持しつつ 踏み切りの体勢に入る

　助走ではある程度のスピードが必要
だが、踏み切りのポイントに対して、
助走から歩幅を合わせていく作業が重
要だ。目安は9歩あるいは11歩で、
助走が直線から曲線になるところでも
スピードを維持し、踏み切りの体勢に
入る。

POINT ❷ カカトから接地して 踏み切りに入る

　踏み切りとその一歩前の接地は、カ
カトからが基本。曲線でもスピードを
維持し、体を内傾させて重心を落とし
ていくことで、踏み切りで大きなパワ
ーを生むことができる。助走でスピー
ドが出すぎてしまうと体がマット方向
へ流れてしまう。

POINT ❸ 体の軸をキープしながら 腕と足を振りあげる

　踏み切りの瞬間は体の軸をまっすぐ
にキープして、踏み切りとは逆の足と
腕を上方に振りあげる。そうすること
で助走での水平方向だったスピードを
垂直方向に変えて、跳躍力に結びつけ
る。腕は片手でも両腕でも構わない。

を振りあげる
る。踏み切り
響する。

バーを超えて
してバーが足
できる。(連続

+1 プラスワンアドバイス

体を反らして バーを越える

　せっかく高い跳躍ができても、体がバーに触れて
落ちてしまえば失敗となる。空中では体を反らすこ
とがポイント。バーを越えるときはアゴをあげ、頭
を後ろに反らして腰をしっかり反る。足がバーを越
えたら、アゴを引いて背中からマットに着地する。

11

解説文

コツと関係する知識を解説している。
じっくり読んで理解を深めよう。

プラスワンアドバイス

コツやテクニックに関する詳しい知識や、動作の
細かな方法などをアドバイスしている。

CONTENTS

※本書は2016年発行『記録が伸びる！ 陸上競技　跳躍　〜走り幅跳び・三段跳び・走り高跳び・棒高跳び〜』の新版です。

PART 1

走高跳
high jump

背面跳のフォームからバーを跳び越える

　走高跳は古代オリンピックの頃から行われている代表的な競技のひとつで、陸上の跳躍競技にグループされる種目。跳び越えるバーの高さを競うため、身長が高く、腰の位置が高いほど有利になってくる。踏み切りは片足で行い、バーを落とさずに跳び越える。同じ高さで三回続けて失敗すると失格となり、成功した高さで順位を決める。順位を意識したパスの利用や助走の目安となるマーカーの設置などち密な戦略も求められる。この章では走高跳の主流となっている「背面跳び」のフォームを解説していく。

走高跳モデル:中島大輔

コツ
01

走高跳フォームの流れ

体を反らせて背面からバーを跳び越す

CHECK POINT!

1 スピードを維持しつつ踏み切りの体勢に入る
2 カカトから接地して踏み切りに入る
3 体の軸をキープしながら腕と足を振りあげる

軸をキープして腕と足を高く

　かつて走高跳は、多くの選手がベリーロールのフォームを用いてたが、60年代後半に登場した「背面跳び」が現在の主流フォームとなっている。

　フォームで最初にポイントとなるのが助走だ。スピードをつけて助走に入り、バーに対して曲線で入って片足で踏み切って跳躍する。踏み切りで **は体の軸をキープしつつ、腕と足を振りあげることで高くジャンプすることができる。**踏み切り一歩前の足の接地方法も跳躍に影響する。

　空中姿勢はしっかり体を反らし、バーを超えていく。アゴをあげ、頭を後ろにそらしてバーが足に引っかからないよう抜くことができる。(連続写真はP14〜)

POINT ❶ スピードを維持しつつ 踏み切りの体勢に入る

助走ではある程度のスピードが必要だが、踏み切りのポイントに対して、助走から歩幅を合わせていく作業が重要だ。目安は9歩あるいは11歩で、助走が直線から曲線になるところでもスピードを維持し、踏み切りの体勢に入る。

POINT ❷ カカトから接地して 踏み切りに入る

踏み切りとその一歩前の接地は、カカトからが基本。曲線でもスピードを維持し、体を内傾させて重心を落としていくことで、踏み切りで大きなパワーを生むことができる。助走でスピードが出すぎてしまうと体がマット方向へ流れてしまう。

POINT ❸ 体の軸をキープしながら 腕と足を振りあげる

踏み切りの瞬間は体の軸をまっすぐにキープして、踏み切りとは逆の足と腕を上方に振りあげる。そうすることで助走での水平方向だったスピードを垂直方向に変えて、跳躍力に結びつける。腕は片手でも両腕でも構わない。

+1 プラスワンアドバイス

体を反らして バーを越える

せっかく高い跳躍ができても、体がバーに触れて落ちてしまえば失敗となる。空中では体を反らすことがポイント。バーを越えるときはアゴをあげ、頭を後ろに反らして腰をしっかり反る。足がバーを越えたら、アゴを引いて背中からマットに着地する。

直線から曲線に移行して踏み切る

CHECK POINT!
1 軽く歩きながらスタートする
2 構えから一気に加速してスタートする
3 助走が曲線に入ったら体を内傾させて走る

自分に合ったスタートから助走を開始する

　跳躍に必要な加速には11歩(または9歩)が適している。スタートには「ローリング」と「スタンディング」があり、自分にあった方法を選択する。

　最初は直線的に走って速度をあげて、スピードに乗ってきたところでバーへ向けて曲線的に入っていく。**ポイントは、曲線に入るところで内側に体を傾けること。これにより遠心力に負けず、スムーズに曲がることができる。**

　曲がるポイントや踏み切り位置にテーピングなどでマーキングすることで、助走から踏み切りまでの歩幅を合わせることができる。

POINT ❶ 軽く歩きながら スタートする

　ツマ先をあげて軽くあげてから歩き出したり、スキップするようにしてスタートするのが「ローリングスタート」。助走に入る前に予備動作を入れることでスピードに乗りやすい。しかし踏み切りに対して合わせにくいというデメリットもある。

POINT ❷ 構えから一気に 加速してスタートする

　足をセットした構えから、一気に加速してスタートを切るのが「スタンディングスタート」だ。ローリングスタートと違って安定したスタートを切ることができ歩幅も合わせやすいが、ややスピードに乗りにくい。

POINT ❸ 助走が曲線に入ったら 体を内傾させて走る

　助走が直線から曲線になるポイントには、テーピングなどでマーキングし、そこからやや内傾の走り方に変えることが大切。ある程度スピードを維持しつつ、遠心力を利用して踏み切りへ向かっていくことで、理想の跳躍が可能になる。

+1 プラスワンアドバイス

助走の目安となる マーカーに目印をつける

競技では、助走の目安となるマーカーを2つまで置くことができる。テーピングなどが主流で、他の選手と区別するためテーピングに目印をつけることもポイントだ。チョークやペンなどの消えないマーカーは使用できない。

13

フォーム解説①

踏み切りを合わせて跳躍する

1

ローリングまたは
スタンディングスタートから
助走を開始し、
一気に加速する。

2

POINT 1

マーカーを踏んだら
体を内傾させて、
直線から曲線の助走に
変化する。

5

体の軸をまっすぐにし、踏み切る。

6

腕と足をあげて、
体を垂直方向に引きあげる。

3

POINT 2

軸を1本にしてカカトから接地し、腕を後ろに引いて踏み切りの準備。目線をさげずバーを見る。

4

遠心力に負けないようバーに対して横から入り、踏み切りに向かう。

7

POINT 3

バーを越えるときは頭を後ろに落とし込むことにより、背中を反らす。

8

足がバーを越えたらアゴを引いて着地の準備し、背中から落ちる。

15

フォーム解説②

カカトから接地して踏み切る

4

腕を先行させつつ、
体を伸ばしてバーを越えていく。

3

POINT 2

踏み切りとは逆の足、腕をあげて
体を垂直方向に引きあげる。

8

背中から落ちて着地の衝撃を受け止める。

7

バーに触れないように自然に足を抜き、
着地の準備に入る。

※フォーム解説②は P17 右上の写真から参照

CHECK POINT!

1 体の軸をまっすぐにし、踏み切る。
2 踏み切りとは逆の足、腕をあげて体を垂直方向に引きあげる。
3 バーを越えるときは頭を後ろに落とし込むことにより、背中を反らす。

②

POINT ① 体の軸をまっすぐにし、踏み切る。

① 別角度をチェック

バーに対して横から入り、足裏全体で接地して踏み切りに入る。

⑥

足がバーを越えたらアゴを引く。

⑤

POINT ③ バーを越えるときは頭を後ろに落とし込むことにより、背中を反らす。

17

課題をクリアして跳躍力をアップする

POINT **1** 踏み切りは足裏全体で入る

踏み切りの一歩手前と踏み切りの足は、カカトから足裏全体で接地することが大切だ。ツマ先からの接地となると、体が前に突っ込んでしまったり、必要以上の後傾になってしまう。「跳びたい」という意識が強くなると、悪いフォームに陥りやすい。注意しよう。

POINT **2** 踏み切りでは体の軸をキープする

体の軸をキープしつつ、タイミングよく踏み切ることで跳躍する力は強くなる。それにはヒザの曲がり具合と体の軸がポイント。ヒザが曲がっていると、体が反ってしまい軸を維持できなくなる。踏み切りでは、体の軸がまっすぐになることを意識しよう。

POINT ③ 腕と足を上方に振りあげる

　踏み切りでは助走で得た水平方向への力を、一気に垂直方向に変えなければならない。そのためには踏み切りと同時に、踏み切りとは逆の足、そして腕を上方に振りあげる必要がある。足と腕の引きあげが中途半端だったり、前方にあげてしまうと体が横方向（マット方向）に流れて、高く跳躍することが難しい。

POINT ④ 腕は片手、あるいは両手を振りあげる

　踏み切り時に振りあげる腕は、片手でも両手でも構わない。自分にあったフォームを身につけよう。片手の場合、フォーム自体は簡単だが体が横方向（マット方向）に流れてしまわないように注意。両手の場合は、上方への引きあげる力は強くなるが、助走のスピードが落ちないようタイミングを合わせることがポイントになる。

19

ルールを理解して記録を伸ばす

CHECK POINT!
1 決められた時間内に跳躍を行う
2 支柱間のラインを手や足が越えると試技となる
3 パスを有効に使って順位をあげる

バーを落としさえしなければ成功

走高跳は助走をつけて水平に立てたバーを片足で踏み切り、ジャンプして跳び越える競技だ。バーのスタートの高さは、審判が各競技者の希望を聞いて決める。なお、選手にはパスする権利が与えられている。

助走の長さは自由で、マーカーを2つまで置くことができる。バーを落としてしまうと失敗となり、3回連続で失敗すると失格となる。**跳躍の際にバーに触れてしまったとしても、落ちさえしなければ成功となる。**順位は成功した記録で決め、記録が同じ場合は試技の回数がより少ない選手が上位となる。

POINT 1 決められた時間内に跳躍を行う

　競技者が4人以上の場合、試技開始の合図があってから、60秒以内に跳躍を行う。競技者が2～3人の場合、1分30秒、競技者が最後の1人の場合は3分となる。競技前には助走の目安となるマーカーを二つ置くことができる。

POINT 2 支柱間のラインを手や足が越えると「試技」となる

　バーまでの助走路は、最低でも15m以上が必要で、25m以上が推奨されている。バーの奥には着地場所としてマットを置く。設置する際には、バーと100mm空ける。左右の支柱間にラインが引かれ、これを越えた場合は試技とみなされる。

POINT 3 パスを有効に使って順位をあげる

　同じ高さのバーで3回続けて失敗すると、次の跳躍をすることができない。1～2回目で成功した場合、その高さでの試技は終了となり次に進む。ある高さをクリアせず「パス」することで次の高さに進むことも可能。同じ高さで記録が並んだ場合、失敗の数で順位が決まる。

+1 プラスワンアドバイス

バーと支柱の規格を把握する

　使用するバーは、3980mm～4020mmの長さ、直径は29mm～31mmと決められている。なお左右の支柱に設置するバー止めは幅40mm長さ60mmの平な長方形とする。これにより、バーが前後に落ちる構造になっている。

踏み切りとクリアランスをマスターする

踏み切りとクリアランスを別々に練習する

走高跳のトレーニングは、踏み切りのタイミングを体で覚えることが大切だ。まずは踏み切りのドリルを段階ごとにクリアしていこう。**最初は簡単な動作をゆっくり行い、慣れてきたらスピードアップしていくことがポイント。**実際の試技に近いスピードで行えるよう繰り返し練習すること

で、踏み切りのタイミングとコツをマスターする。

また、バーを越えるときの空中動作であるクリアランスも大事なポイント。助走をとらず、その場立ちからの背面跳びでクリアランスの動作を習得しよう。

POINT 1 ゆっくりした動作から、カカト→拇指球の接地で踏み切る

　踏み切りからの跳躍への感覚を養うドリル。その場でカカトから接地し、足の外側を通ってしっかり拇指球で踏み切ることを意識しよう。ジャンプする際は、腕と逆足を引きあげることも大切。ゆっくりした動作で正確に踏み切れるよう練習しよう。

+1 プラスワンアドバイス

本格的な練習前や試技の合間に行う

　カカトから足裏全体での接地は、跳躍競技で大切なポイント。特に走高跳では踏み切りとその一歩前よりカカトから足裏全体で接地して、踏み切りの動作に入る。その場でできるトレーニングなので本格的な練習前や試技の間に行う。

踏み切りまでの3歩の動き練習する。体の軸をまっすぐにし、2歩目、3歩目（踏み切り）は、しっかりカカトから接地させて、拇指球で踏み切りジャンプする。前のめりにならないよう注意し、上方向に飛ぶ意識で行うと良いだろう。逆足と腕の引きあげも行い、踏み切りのタイミングに合わせることが大切だ。

まず腕1本分離れてバーの前に立つ。その場で腰を落として背中方向へ跳んでバーを越える。このとき頭を後ろに落とし込むことによって、体を湾曲させることがポイント。この形ができていれば自然と足が抜けてバーをクリアできる。着地するときはアゴを引いて背中から落ちよう。

+1　プラスワンアドバイス

ハサミ跳びで本格的な「跳ぶ」準備に入る

今の走高跳の競技では背面跳びが主流となっている。しかし本格的な跳躍に入る前に、無理のない高さでのハサミ跳びなどで体をあたためることも有効。跳躍することに体を慣らすことでケガの防止にもつながる。

PART 2

棒高跳
pole vault

ポールの反発力を使って5メートル級の跳躍をする

　棒高跳は、跳躍競技で唯一、ポールという道具を使う種目。使用されるポールは身長の倍近くあり、試技では5mほどの高さが記録されるほど、ダイナミックで迫力あるのが棒高跳だ。助走からの踏み切りに合わせ、いかにポールの反発力を使って高く跳ぶかがポイント。

　記録を伸ばすには、助走スピードと跳躍力に加え、巧みにポールを扱う腕や上半身の筋力も必要となる。走幅跳や走高跳と違って、施設が整っていないと競技や練習をすることができないのも棒高跳ならでは。安全面を考慮しつつ、正しいフォームと基本をしっかりマスターすることが大切だ。

棒高跳モデル:香川銀河

ポールをボックスに突き入れて踏み切る

CHECK POINT!
1 ポールをバランス良く両手で持ってスピードに乗った助走を行う
2 正しい位置にポールを突き入れて反発力を発揮する
3 空中でタメをつくってクリアランスに入る

体の軸をひねりながらバーを越える

　助走でスピードに乗ったら、踏み切り動作へ移行する。棒高跳では、このタイミングでポールをボックスの中へ突き入れなければならない。ポールを突き入れたら、それと同時に片足で踏み切って跳びあがる。**しなるポールを持つ利き手から真下の位置で地面を蹴ることがポイント**。これに

より、上方にスムーズに跳びあがることができる。

　体が上下逆の体勢から、ヒジを曲げて腕の力を使って、体をより高い位置まで引きあげる。同時にバーに対して背中向きの体勢から、体（軸）をひねってバーを越え、落下しながら着地に入る。

POINT 1 ポールをバランス良く持って スピードに乗った助走をする

　助走ではスピードをつけることと同時に、リズムをとることが大切だ。手が振れない分、肩を動かしながらバランスをとって足を動かして走る。踏み切り動作に近づくと、ボックスにポールを突き入れる。

POINT 2 正しい位置にポールを 突き入れて反発力を発揮する

　助走の終盤では、両腕を高くあげてポールを地面に向けて調整する。ボックスにポールを突き入れる際は、角度はもちろん突き入れる位置も重要になる。理想的な角度から正しい位置に入れば、ポールがしなって反発力は高まる。

POINT 3 空中でタメをつくってから クリアランスに入る

　片足で踏み切って跳躍に入ったら、体をポールに預けてコンパクトになり、しっかりタメをつくる。このときポールはしなり、クリアランスに向けてパワーをためている段階。そこから一気に両足を振りあげてバーを越えるクリアランスの動作に移る。

+1 プラスワンアドバイス

跳躍の頂点で体（軸）をひねる

　バーを越えるクリアランスは、両足を上方にあげながら、頂点のタイミングで体（軸）をひねることがポイント。体がバーを超えたところで、はじめてポールから手を離し、背中からマットに着地する。バーにポールが当たって失敗とならないよう注意しよう。

ヨツ
09

棒高跳のポール

ポールを使って高く跳躍する

CHECK POINT!
1 構えから一気に加速してスタートする
2 軽く歩きながらスタートする
3 材質の進化ととも記録が伸びる
4 炭酸マグネシウムやテーピングで滑り止めする

手のひらを上にして、親指と人差指で軽く握る。

強く握ってしまうとポールをコントロールしにくくなる。

自分に合ったポールで記録を伸ばす

　棒高跳はポールを使うという点で、他の跳躍種目と異なる特徴を持つ。ポールの材質や長さ、太さは自由で表面は滑らかでなければならない。このポールの使い方が、大きく記録を伸ばすカギを握る。一連の跳躍フォームのなかで動作とポールの反発力を巧みに合わせることがポイントになる。

　ポールは両手で持ち、利き手を腰あたりの位置まで下げてポールをナナメに構える。上の手は強く握らず、親指と人差指だけで握るイメージで持つ。

　助走がスピードに乗ったところで重力に任せてポールの先端をおろしていく。

POINT ① 構えから一気に加速してスタートする

ポールを腰の位置で構え、足をセットしたところから一気にスタートする。これは棒高跳のスタンディングスタートで、安定したスタートを切ることができ踏み切りでの歩幅も合わせやすいが、ややスピードが乗りにくい。

POINT ② 軽く歩きながらスタートする

ポールを腰の位置で構え、ツマ先を軽くあげてから歩き出したり、スキップするようにしてスタートするローリングスタート。助走に入る前に予備動作を入れることでスピードに乗りやすい。

POINT ③ 材質の進化とともに記録が伸びる

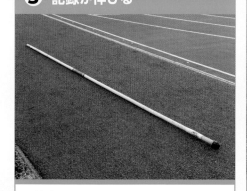

棒高跳の競技がはじまった初期の頃は、木製のポールが使われていた。その後、竹製が普及し、1936年ベルリン・オリンピックでは日本人選手がメダルを獲得。以降も材質は進化し、ガラス繊維強化プラスチック製や炭素繊維強化プラスチック製が使われ、記録も飛躍的に伸びるようになった。

POINT ④ 炭酸マグネシウムやテーピングで滑り止めする

ポールを強く持ったときに、しっかりグリップするように滑り止めを使用する。試技前に手のひらに炭酸マグネシウムを適量つけることで、手の汗や雨などでポールが滑ることを防止する。また選手によってはポールの握り部分にテーピングを巻いてグリップ力を強化することもある。

コツ
10

フォーム解説①

ポールを操り跳躍につなげる

1

ポール先端を上前方に向けて助走する。

2

助走の終盤で両腕を高くあげて、
ポール先端を下方に向ける。

5

体をコンパクトにし、
ポールに体を預けて空中でタメをつくる。

6

頭を下にして足を上方へ突きあげる。

CHECK POINT!
1 ポールをボックスに突き入れて踏み切りに入る。
2 地面を力強く蹴って足裏全体で踏み切る。
3 体の軸をひねって腹の下でバーを越える。

3

POINT **1**
ポールをボックスに突き入れて
踏み切りに入る。

4

POINT **2**
地面を力強く蹴って
足裏全体で踏み切る。

7

POINT **3**
体の軸をひねって
腹の下でバーを越える。

8

バーを越えたところで
手をポールから離し、着地に入る。

ポールの反発に動作をあわせる

4

POINT 2 腕を引きつけ、さらに足をあげる。

3

体をコンパクトにし、
ポールに体を預けて空中でタメをつくる。

8

バーを越えたところで
手をポールから離し、着地に入る。

7

片手でポールを握り、
バーを腹の下にして越える。

※フォーム解説②は P35 右上の写真から参照

2

1 別角度をチェック

POINT 1 踏み切りとは逆の足を
上方に引きあげる。

ポールをボックスに突き入れ、
片足で踏み切る。

6

5

POINT 3 体の軸をひねって
クリアランスの体勢に入る。

頭を下にして足を上方へ突きあげる。

助走段階からポールを正確に扱う

POINT **1** スピードを落とさずポールを下方にさげる

助走ではポールを両手で持ち、利き手を腰のあたり、逆の手を胸の前あたりに置く。スタート当初は先端をナナメ前方に向けるが、ボックスに近づいたところで先端を徐々に下ろす。このとき、腕の力で操作するのではなく、重力を用いるとスムーズに動作できるので意識することが大切だ。

POINT **2** ボックス奥の溝手前にポールを突く

ボックスにポールを突き入れる際は、角度と位置がポイント。ボックス奥の溝やや手前を突いて、滑るように溝に突き入れるのが理想。そうすることで踏み切り後にポールがスムーズに立って、反発力を生みやすい状況になる。溝に直接入ったり、上側を突いてしまうとポールがうまく働かない。

POINT ❸ 手を真上に伸ばして姿勢をキープする

　ポールを突き入れるときは、姿勢をまっすぐにして上の手がその延長線上にあるのが理想。腕が後ろになり、体が前に出てバーに近くなってしまうと、跳躍が真上になってしまいバーを越えるのが難しくなってしまう。助走での歩幅とポールを突き入れるタイミングを調整して踏み切りしよう。

POINT ❹ 踏み切りは足裏全体で接地する

　ポールをボックスに突き入れる動作と歩幅をあわせることに意識が集中し、踏み切りがおろそかにならないよう注意しよう。踏み切りは足裏全体で接地し、拇指球で離れることがポイント。そうすることで力強く地面を蹴ることができる。ツマ先での接地は体が前に突っ込んでしまいバーに近い踏み切りとなってしまう。

ルールを理解して試合に参加する

CHECK POINT!
1 バーが落ちてしまうと試技は失敗になる
2 選手の特徴にあったポールを選ぶ
3 ラインを越えてしまうと無効試技となる

グリップを握りかえると試技は無効

ポールを使って水平のバーを飛び越える棒高跳。競技開始時にバーの高さを大会主催者が決めてスタートする。その後の競技進行でのバーのあげ幅は5cm以上。試技をはじめる高さは、選手の自由でパスも認められている。

また、ポールをボックスに差し込むまでの助走距離に決まりはなく、助走路に2つまでマーカーを置ける。**ポールにはグリップテープを巻くことができるが、踏み切ったあとに握りの位置を上に変えてはならない**。3回連続で失敗すると失格となり、順位は成功した記録で決める。同記録の際は、試技の回数がより少ない選手が上位となる。

POINT ① バーが落ちてしまうと試技は失敗になる

バーに体の一部が触れて落ちてしまうと試技は失敗となる。体がバーを越えたあとにポールがバーに触れて落ちても失敗となるので注意。クリアランスで最後にポールを手から離すときは、突き放すイメージで行うと失敗が少なくなる。

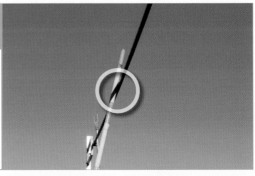

POINT ② 選手の特徴にあったポールを選ぶ

ポールの材質や長さ、太さなどは任意となっている。長ければ跳躍に有利となるがポール自体が重くなり、使用する選手に脚力がないと記録が伸びない。材質はグラスファイバーが主流。硬さなどにより、しなりや反発力も変わってくる。

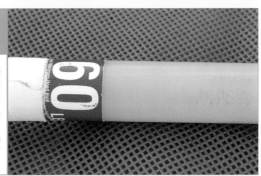

POINT ③ ラインを越えてしまうと無効試技となる

バーを越えずに体やポールがボックスの前方のラインを越えてしまうと、無効試技となる。ラインより先の地面や着地場所に触れるだけで無効となるので注意しよう。逆にラインを越えていなければ、再び試技を行うことができる。

+1 プラスワンアドバイス

アップライトを調整して最高点をあわせる

跳躍したときの最高点とバーの高さが合っていることがベスト。アップライトでバーの支柱を最高点でバーを越えられるよう調整する。風向きや選手のコンディション、ポールの反発力などによっても、調整が必要となるので注意しよう。

踏み切りと空中動作を強化する

POINT ① ゆっくり歩いての動作から踏み切りのタイミングをチェック

　ゆっくり歩きながら、腕の使い方と踏み切りのタイミングをマスターする。全体を5歩で歩き、3歩目で腕を上にあげる。踏み切りはカカトから足裏全体で接地して拇指球から離れる。力強く地面を蹴るようにして、ポールを持つ手を上に突きあげることがポイント。

POINT ② 鉄棒にぶら下がりバーベルをあげる

　足に器具をつけ、鉄棒に逆さまになってぶら下がる。この状態で跳躍時の空中動作を再現。両手にバーベルを持ち、ゆっくり腰のあたりまで引きあげる。この動作は体からポールを離す動きの補強トレーニングとなる。

足に器具を装着して、
体を逆さまにして鉄棒にぶら下がる。

　順手で鉄棒をつかみ、ぶら下がったところからスタートする。両足を揃えてゆっくりあげ、足が90度になったところで一旦止まって、さらに上に足をあげる。鉄棒に足がついたらゆっくりおろし、おろし切らないところから再度、足をあげていく。両足首を揃えることがポイント。空中で軸を維持できる筋力がつく。

4 空中での足の突きあげをイメージする

片逆手で鉄棒を握ってぶら下がる。逆上がりのように足を上にあげてモモを鉄棒に軽くつける。そこからさらに足を上方に突きあげて空中での動作を再現する。腕を引きつける力と足を突きあげるタイミングをあわせることで、より高く足をあげることができる。

別角度をチェック

PART 3

走幅跳
running long jump

助走のスピードを生かして体を空中へ跳び出させる

　　走幅跳は助走にはじまり、踏み切り、空中動作、着地が一連のフォームのなかで行われる。跳び方には「はさみ跳び」と「反り跳び」がある。身長の高さは記録に影響しないと言われ、跳躍競技のなかでもアジア人が好記録を残している種目だ。記録を伸ばすためには、助走のスピードと踏み切りから体を空中に跳び出す技術と筋力が必要で、スプリント能力に長けた選手が適している。また踏み切り時にファウルになってしまったり、距離をロスしないよう歩幅をあわせて跳躍に入ることも大切だ。

走幅跳モデル:深沢宏之

助走からリズムよく踏み切る

CHECK POINT!
1 二種類のスタート方法から自分の助走を決める
2 助走のスピードを跳躍力につなげる
3 跳躍後にモモを高くあげ腕を大きく振る

スピードをつけて跳躍に勢いを増幅させる

走幅跳は助走の勢いを跳躍に結びつけ、跳ぶ距離を伸ばす競技。そのためスピードと踏み切りのタイミングが重要になる。助走では歩数を決めて踏み切りまでのリズムをとることが大切。短距離走のように徐々に速度をつけてトップスピードで跳躍へと移行する。

踏み切りと踏み切り1歩手前はカカトから接地し、拇指球あたりに力を入れて強く地面を蹴って跳び出す。**踏み切りと逆足のモモを高くあげて、空中姿勢は軸をキープしたまま頂点まで跳び、両足を揃えて前に伸ばして着地。**体の軸が乱れないように、目線を前に向けることがポイントとなる。

POINT ❶ 二種類のスタート方法から 自分の助走を決める

　助走は「ローリング」または「スタンディング」でスタートする。どちらがスピードに乗りやすいか、踏み切りの歩幅が合いやすいか自分で試してみよう。スタート直後から6歩で姿勢を起こし、助走中盤ではトップスピード入り、踏み切りへ移行する。

POINT ❷ 助走のスピードを 跳躍力につなげる

　助走の最後で踏み切りの足が板についたら、頭と腰が踏み切り足の真上にきたタイミングで地面を強く蹴る。目線はナナメ前方に向け、助走で得た前への勢いを跳躍力につなげる。タイミング良く跳び出せばより遠くへ跳ぶことができる。

POINT ❸ 跳躍後にモモを高くあげ 腕を大きく振る

　はさみ跳びは、踏み切りと同時に逆の足のモモを高くあげて振ることがポイント。このとき両腕も大きく振ることで、前へ跳び出す力が強くなる。上半身は起こしたまま、跳躍が頂点に到達したところで両足を揃えて前に出し、両腕を後ろに引いて着地する。

+1 プラスワンアドバイス

跳躍頂点で体を 弓なりに反って跳ぶ「反り跳び」

　反り跳びは空中へ跳び出し、最高点に到達してから腕と足を後ろに引いて、体を弓なりに反るフォーム。そこから両腕と両足を前に出して着地する。跳躍力の優れた選手や体の柔らかい選手に適した跳び方だ。

フォーム解説①

助走でトップスピードに乗る

① ② ③

POINT 1 ツマ先をあげて
スタンディングから
スタートを切る。
（ローリングスタートも可）

力強く地面を蹴って、
一気に加速する。

+1 プラスワンアドバイス

中間走では体を起して
トップスピードに入る

低い体勢からスタートし、中間走から踏み切り
では徐々に体を起していく。いつまでも頭が
下を向いたままで、体か起きてこないと足が
後方に流れてしまい、前のめりの走りになって
しまうので注意。

CHECK POINT!

1 ツマ先をあげてスタートを切る。
2 6歩目までを目安に体を起して、前を向く。
3 トップスピードを維持したまま、踏み切りに向かう。

④ 徐々に体を起し
スピードをあげていく。

⑤ **POINT 2** 6歩目までを目安に
体を起して、前を向く。

⑥ 体を起した状態で
トップスピードで走る。

⑦ **⑧** **⑨**

POINT 3 トップスピードを維持したまま、踏み切りに入る。

49

助走のスピードを生かして跳躍する

① ② ③

ファウルに気をつけて
拇指球で力強く、
踏み切り板を蹴る。

踏み切り1歩前はカカトから
足裏全体で接地する。

足裏全体で接地し、
跳躍体勢に入る。

⑦ ⑧ ⑨

POINT
②

踏み切り足を前に出し、
逆側の腕を前に出す。

空中でもう一度、
足と腕を回して前に跳ぶ。

踏み切り足と逆の足を
前上方に引きあげる。

CHECK POINT!

1 踏み切り足と逆の足を前上方向にあげる。
2 踏み切り足を前に出し、逆側の腕を前に出す。
3 後ろ足を前に出して、両足を前で揃える。

4

目線は前方に向けて、前への勢いを跳躍力に変換する。

5 **POINT 1** 踏み切り足と逆の足を前上方向にあげる。

6

前上方向にあげた足を引きながら、踏み切り足側の腕を引く。

10

足を前に伸ばしながら着地の体勢に入る。

11 **POINT 3** 後ろ足を前に出し、腕を後ろに引いて両足を前で揃える。

12 着地する。

はさみ跳びを前からチェックする

①
別角度をチェック

踏み切り1歩前はカカトから足裏全体で接地する。

②

足裏全体で接地し踏み切りに入る。

③

踏み切り板を蹴る。

⑦

踏み切り足と逆の足を前上方に引きあげる。

⑧

足を前に伸ばしながら着地の体勢に入る。

⑨

POINT
3

後ろ足を前に出して、両足を前で揃える。

CHECK POINT！

1 目線は前方に向けて、腕を振り前への勢いを跳躍力に変える。
2 最高点に達したらもう1ストローク手足を回す。
3 後ろ足を前に出して、両足を前で揃える。

④

POINT 1

目線は前方に向けて、
腕を振り前への勢いを
跳躍力に変える。

⑤

さらに腕を足を振り、
最高点に達する。

⑥

POINT 2

最高点に達したら
もう1ストローク手足を回す。

⑩

両足を揃えて
着地体勢に入る。

⑪

着地する。

⑫

反り跳びをマスターする

① 踏み切り1歩前はカカトから
足裏全体で接地する。

② 歩幅を合わせながら
踏み切りへ入る。

③ POINT**1**
体の真下で
踏み切るイメージで
跳躍する。

⑦ POINT**2**
両腕と両足を後ろに引き、
弓なりの体勢になる。

⑧ POINT**3**
後ろに引いた両腕と
両足を同時に前に出す。

4 目線は前方に向けて、拇指球で強く地面を蹴る。

5 踏み切り足と逆の足を前上方向に振りあげる。

6 振りあげた足を引きながら、腕も後ろに引く。

9 腕を後ろに引いて、両足を揃えて着地に入る。

10 尻から着地する。

力強い踏み切りの準備にする

カカトから足裏全体で接地し、拇指球で蹴り出す

踏み切りの1歩手前は、助走から踏み切りの動作に切り替わるタイミング。助走のスピードを生かしつつも歩幅を合せ、力強い跳躍をするためには、カカトから足裏全体での接地が基本。地面を蹴って跳ぶときは、拇指球で次のステップを踏み出すことがポイント。

カカトから接地し足裏の外側を通って、拇指球で強く蹴るのが理想の踏み切り。

ツマ先で接地すると体が前に突っ込んでしまい、正しい角度で跳躍できない。

POINT ② 体が前に突っ込まない

　踏み切りの1歩手前では、体の真下に足がくるイメージを持とう。踏み切りで記録を意識してしまうと前傾姿勢になり、踏み切り足が後ろに流れてしまう。この形で行うと、力強い跳躍ができないので注意しよう。

踏み切り時の姿勢をチェックする

その場で背伸びするイメージで踏み切る

踏み切り時の跳び出す角度は、記録に大きく関わる。跳び出しの勢いを意識し過ぎると前のめりになってしまう。踏み切りは、その場で背伸びをするイメージで上方に蹴りあげる。そうすることで助走のスピードを生かしつつ、距離を伸ばすことができる。

POINT ② 後傾や前傾は距離をロスする

踏み切りの角度を意識しずきて、後傾となってしまうと失速の原因となり、距離は伸びない。前に行こうと意識しずきることも前傾の原因となり、踏み切り足が前に出ない要因となる。踏み切り時の正しい姿勢を意識し、体の真下に足がくるようにジャンプすれば自然と距離は伸びてくる。

59

踏み切りに集中してファウルを防ぐ

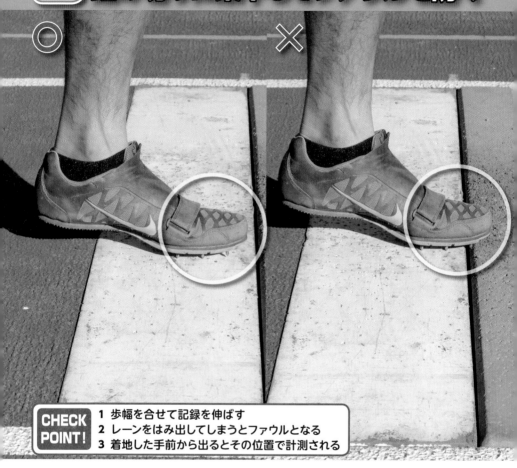

CHECK POINT!
1 歩幅を合せて記録を伸ばす
2 レーンをはみ出してしまうとファウルとなる
3 着地した手前から出るとその位置で計測される

踏み切り板のファウルに注意して跳ぶ

　走幅跳は助走路を走り、踏み切り板から片足踏み切りで跳躍し、砂場に着地する競技。助走の距離は自由で、助走路に2つまでマーカーを置くことができる。**踏み切り板からはみ出すと、その試技は無効となる。また板の幅より外側で踏み切っても無効となる。**

　記録は踏み切り板から、着地点の最も手前側までの距離で計測される。そのため、後ろ手をつくなどすると記録が大幅に下がる。3回の試技が認められており、そのうち最も優れた記録が成績となる。同じ記録が出た際には、3回中2番目に良い試技の記録で順位をつける。

POINT ❶ 歩幅を合せて記録を伸ばす

　歩幅が合わず、踏み切り板よりも手前で踏み切ってしまうと、ファウルにはならないが大幅な記録のロスになる。日頃の練習を通じてギリギリのところで踏み切れるよう、スタートから助走、踏み切りまでの歩幅を調整しておこう。

ロス

POINT ❷ レーンをはみ出してしまうとファウルとなる

　助走の距離は任意だが、走る際はレーンをはみ出してしまうと、ファウルとなるので注意が必要だ。特にスタート時は加速することを意識し過ぎて、視線があがらないのでレーンから足をはみ出さないように注意して走ろう。

POINT ❸ 着地した手前から出るとその位置で計測される

　着地した後に砂場を出る場合、記録した後方から砂場を出てしまうと、砂場を出たところが計測ポイントになる。これはファウルではないが大幅な記録ダウンになる。注意して着地した前方から出るようにしよう。

コツ 23

リズムを重視してタイミングよく踏み切る

POINT 1 踏み切りのリズムをイメージする

　目印を踏み切り板から1.5m→2.0mの間隔で置き、軽く助走しながら目印横を踏んで、最後は踏み切りジャンプする。リズムにすると「ターン、タン」というイメージ。踏み切り1歩手前を短く、2歩手前を広くすることで理想の踏み切りまでのリズムを習得する。

POINT ② 2歩と4歩の歩幅をミックスして走る

目印を踏み切り板より6m→3m→3m、6m→3m→3mの間隔で置き、ある程度のスピードで助走しながら目印横を踏んでいく。3m間は2歩、6m間は4歩、これを二度繰り返して最後は踏み切りジャンプする。リズムは「タタン、タタン、タタタタン」というイメージだ。

63

両手を後ろに引いて両足を前に出す

立幅跳で着地の練習をする。両足を揃えて砂場の縁に立ち、後ろに腕を大きく引いてから、大きく上方に振りあげて跳ぶことがポイント。着地では腕を後ろに引いて、両足を前方に出す。足が揃って長座のような形になるよう練習しよう。

Column
跳躍とシューズ
種目に合ったスパイクを選ぶ

カカトにピンがあるタイプは
走高跳のスパイク。

カカトにピンがないタイプは
走幅跳や三段跳、棒高跳用の
スパイク。

跳躍種目で使われる道具は棒高跳のポールのみと考えがちだが、種目ごとに「スパイク」というアイテムにもこだわりを持った方がよいだろう。専用スパイクは、それぞれの動きあわせた構造になっており、履くことでパフォーマンスをアップすることができる。

跳躍のスパイクは全般的にソールを強化したものが多い。

走高跳は、カカトにピンがあるタイプが採用されている。走幅跳と三段跳、棒高跳は助走でのスピードを重視する共通性もあり、カカトにピンがないタイプが適している。

PART 4

三段跳
triple jump

「ホップ」「ステップ」「ジャンプ」で遠くへ跳ぶ

　　三段跳は、助走から3回の跳躍による距離を競う。跳躍はそれぞれ「ホップ」「ステップ」「ジャンプ」と呼び、ホップとステップは同じ足、ジャンプで逆足を使うルールだ。男子の世界記録は18 m、日本の男子高校生の選手でも16 m以上を跳ぶことができる。跳躍には独特なリズムが要求され、足を大きく前後に開いて三回跳ぶため、足の長い身長の高い選手が有利といわれる。また瞬発力とスピードを生み出す、股関節の筋力も強くなければ記録は伸ばせない。スタートから踏み切りに向けて、助走でのスプリント力がカギを握る。

三段跳モデル:有松今日

三回の跳躍で競技を構成する

踏み切り板

助走でスピードをあげて最初の跳躍に入る

三段跳の助走では走幅跳と同様、スムーズに加速し、踏み切り時にトップスピードで迎えられるように走ることが大切。スタート当初はやや上半身を前傾させ、重心を前に向けることで加速していく。このとき、足裏全体でとらえることがポイント。そこから助走中盤では上半身を起こして、姿勢を安定させ、目線を前に向けて走る。

トップスピードに入ったところで、踏み切りとなる「ホップ」となる。足の裏でしっかり踏み切り板をとらえ、助走のスピードを跳躍力に変換。**体の真下で踏み切り板を蹴り、より遠くを目指して跳躍に入る。**

POINT ① 低く遠くへ跳躍する イメージで踏み切る

　最初の踏み切りであるホップは、体の真下に足がくるイメージで踏み切る。踏み切り板を見ないで歩幅を合せていくことが大切だ。低く速く遠くへ跳躍するようなイメージで次のステップに移行する。

POINT ② 空中を歩くように 腕と足を回す

　最初の踏み切りであるホップと同じ足で行うステップは、跳躍後に空中を歩くようにして、腕と足を回しながら進む。その際、姿勢をまっすぐキープし、上体を起こして目線を前に向けることで、良い体勢でジャンプに入ることができる。

POINT ③ スピードを落とさず 低い跳躍で記録を伸ばす

　最後に逆足で行うジャンプまで、スピードを維持することが重要。速度が落ちると遠く跳べなくなるので、接地でブレーキがかからないよう注意しよう。高く跳び過ぎると、次の接地の負担が大きく、スピードが損なわれるので低く安定した跳躍が求められる。

+1 プラスワンアドバイス

足を揃えて前に伸ばし カカトから接地

最後のジャンプで砂場へ向けて跳ぶ。その際にはホップとステップで行った空中を歩くような跳躍ではなく、両腕を振りあげる大きな動作でより遠くを目指す。両足は空中でヒザを曲げて折りたたむ。

各種スタートから助走に入り、体を起す

① POINT 1 ツマ先をあげてからスタートの構えをとる。

②

やや下を向き、軽くスキップするようにスタートする。

③

スタートの目印に歩幅を合せる。

プラスワンアドバイス

自分に合ったスタート方法で踏み切りを合わせる

他の跳躍種目と同様にスタートには「ローリング」と「スタンディング」の二つの方法がある。スタート時はカカトが円をつくるような動作から動き出す。これは跳躍競技におけるスタートの共通ポイント。スピードに乗りやすいローリングスタートか、踏み切りの歩幅が合いやすいスタンディングスタートか、どちらに適しているのか練習で試してみよう。

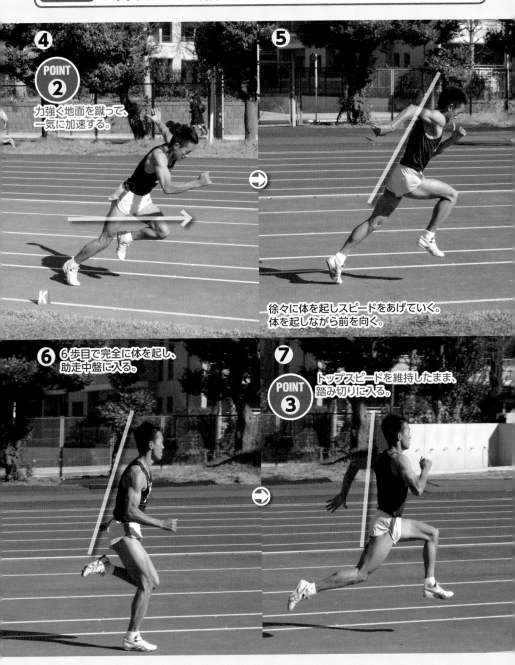

CHECK POINT!

1 ツマ先をあげてからスタートの構えをとる。
2 力強く地面を蹴って、一気に加速する。
3 トップスピードを維持したまま、踏み切りに入る。

④

POINT 2

力強く地面を蹴って、
一気に加速する。

⑤

徐々に体を起しスピードをあげていく。
体を起しながら前を向く。

⑥ 6歩目で完全に体を起し、
助走中盤に入る。

⑦

POINT 3

トップスピードを維持したまま、
踏み切りに入る。

71

同じ足で続けて跳躍する

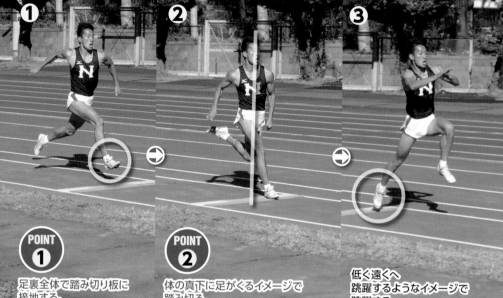

① ② ③

POINT
①

足裏全体で踏み切り板に
接地する。

POINT
②

体の真下に足がくるイメージで
踏み切る。

低く遠くへ
跳躍するようなイメージで
跳躍する。

⑥ ⑦

水をかくように腕を前へ。

前に出した腕をキープしながら、
次の踏み切りに向かう。

④ 目線を前に向け、両腕を前に出した状態から水をかくような動作で後ろに引く。

⑤

POINT ③ 腕と肩のラインが水平になると腕をさげる。

⑧ 低く速く遠くへ跳躍するようなイメージでジャンプへ。

⑨ ホップ、ステップとは逆の足で接地する。

着地で両ヒザを曲げて前に伸ばす

① 足裏全体で接地して最後の跳躍へ。

② POINT ① 体の真下に足がくるイメージで踏み切る。

⑤ より遠くを目指す。

⑥ 空中で両ヒザを曲げて折りたたむ。

3 接地していない足を前方に振りあげる。

4 **POINT 2** 目線の位置に勢いよく振りあげた両腕をストップさせる。

7 **POINT 3** 腕を後ろまで引いて、長座するような形で足を前に出す。

8 尻から着地する。

75

コツ **28**

フォームの注意点

姿勢を意識して正しく接地する

POINT ① 正面を向いて助走で加速する

スタート直後の姿勢はやや下向きとなるが、そのままの姿勢で助走を続けるのはNG。助走中盤で助走スピードが乗ってこなく、足も後ろに流れて、前に出てこない。そのような走りでは踏み切りで、ブレーキがかかってしまい跳躍にも大きく影響する。

POINT ② ツマ先での接地はミスにつながる

ホップの踏み切りでツマ先から接地してしまうと、ブレーキとなり跳躍が高くあがって失敗につながる。次のステップがスピードも距離も出ない跳躍となってしまう。基本である足裏全体での接地を心がけ、拇指球で踏み切る低い跳躍を心がけよう。

POINT ❸ 前かがみになるとブレーキがかかる

ステップは、体の真下に踏み切り足がくることが理想。スピードを意識するあまり、体が前かがみになっていると、ツマ先での接地になってしまう。このような動作では跳躍が低くなりすぎて、空中で前のめりになり良いジャンプができない。正しい姿勢を維持して跳躍しよう。

POINT ❹ 足が後ろに流れると正しいフォームがとれない

最後のジャンプで足を蹴りあげてしまい、足が後ろに流れてしまうと体は前に突っ込んでしまう。このようなフォームでは足をたたんでから前に出すタイミングもとれず、長座の体勢から尻で着地することも難しい。跳躍後も目線を前にキープし、足をコンパクトにたたんで前方へ跳ぶことが大切。

77

三段跳のルールを把握して記録を出す

CHECK POINT!
1 ホップの踏み切り板に歩幅を合せる
2 マーカーを配置して歩幅を合せておく
3 跳躍中に振り出した足が地面に触れても構わない

連続3回の跳躍距離を計測する

　助走をとって踏み切り板へ走り、片足による3回の跳躍で、砂場へ着地する競技が三段跳だ。ホップ・ステップ・ジャンプの3回の跳躍は、ホップの踏み切り足と同じ側の足でステップ行い、最後は逆足でジャンプして砂場に着地する。

　踏み切り板からはみ出したり、板より外側で踏み切ると無効となる。計3回の試技を行うことができ、そのうち最も優れた記録が成績となる。

　計測は踏み切り板から、着地点の最も手前側の位置までの距離をはかる。同記録で並んだ場合には、3回中2番目に良い試技の記録で順位をつける。

POINT ❶ ホップの踏み切り板に歩幅を合せる

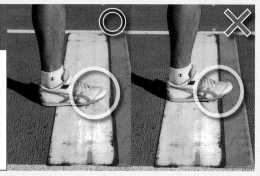

　ホップで歩幅が合わず、踏み切り板を踏み越してしまわないように注意。手前で踏み切ってしまうと、ファウルにはならないが距離のロスだ。日頃の練習を通じてロスの少ないところで踏み切れるよう、スタートから助走、踏み切りまでの歩幅を調整しよう。

POINT ❷ マーカーを配置して歩幅を合せておく

　助走路にはマーカーを二つまで置いて構わない。踏み切り時は下を見て走ることができないので、スタートから踏み切り板までの歩幅を合せて、常にジャストのタイミングで踏み切られるように自分のリズムに合った位置を見つけておく。

POINT ❸ 跳躍中に振り出した足が地面に触れても構わない

　名前をコールされたら、すみやかにスタートして試技に入る。片足3回の跳躍で、砂場へ着地しなければならない。ホップ・ステップは同足、ジャンプは逆足となる。跳躍中に振り出した足が地面に触れても、無効試技にはならない。

+1 プラスワンアドバイス

ファウルに注意して好記録を狙う

着地後の手前側の位置までの距離をはかる。踏み切り板の踏み外しや踏み切り板の両端より外から跳んだら無効試技。同記録で並んだ場合には、3回中2番目に良い試技の記録で順位をつける。

コツ30 段階的に練習をレベルアップさせる

CHECK POINT!
1 片足の連続ジャンプで前進する
2 ミックスジャンプでタイミングをつかむ
3 助走をつけてスピードアップする

徐々にスピードアップして試技に近づける

　三段跳のトレーニングは「ホップ・ステップ・ジャンプ」の跳躍リズムをマスターすることがテーマとなる。それぞれを練習するのでなく、一連のフォームとリズムを身につけることが大切だ。

　最初は片足だけで跳躍を行い、慣れてきたら左右の跳躍をミックスする。**段階的**にトレーニングのスキルをあげていくことで、動作やリズム感をつかみやすくする。スピードも実際の試技と同じようにするのではなく、はじめは遅いスピードでの練習を行う。レベルをあげていく段階でスピードアップしていくことで、よりスムーズに動きをマスターできる。

最初は片足の連続ジャンプを行う。1歩目より徐々に勢いを増し、5歩目に大きく跳躍する。慣れてきたらスピードをあげて取り組もう。片足ジャンプでも正しい姿勢をキープして、腕を大きく勢いよく使うことが大切。左右交互に行う。

片足ジャンプの左右をミックスで行う。右足スタートなら「右→右→左→右→右」の要領で、左足スタートなら「左→左→右→左→左」で行う。足の切り替えとジャンプのタイミングを意識して跳躍しよう。

ミックスの連続ジャンプに、助走をつけて加速し、試技に近いスピードで行う。スピードアップした分、難易度があがる。助走からのジャンプへのつなぎ、加速したうえでの跳躍のリズム感などをマスターする。

跳躍とメンタルの関係
実力を発揮できる試合でのメンタルとは

　跳躍競技でメンタルは大きな部分を占める。大きな大会になればより緊張し、「記録を出したい」「誰かに勝ちたい」という気持ちが焦りにつながる。その思いがミスや失敗につながってしまうのだ。跳躍には3回という区切りがあるので最初の1回は気楽に跳べる。しかし1本目をファウルすること

によって、2本目、3本目以降がより重要になってくる。特に失敗した直後の2本目は、メンタルに重圧がかかるので思い切った跳躍をしにくい。つまりプレッシャーのかからない1本目において、記録を残すことにより2・3本目で楽な精神状態を保つことが重要になってくる。

付章

トレーニング
Q&A

PART1 から４までは走高跳と棒高跳、走幅跳、三段跳のフォームや技術上のポイント、ルールの注意点について解説した。ここからは跳躍競技に共通するトレーニングを紹介。さらに Q&A コーナーでは跳躍競技で上達していくうえでの「壁」をとりのぞく、問答集を用意している。

筋力を強化して爆発力を生む

POINT ① 体をジャンプで浮かす感覚を身につける

7足長間隔を目安にボックスを三つ並べる。1つ目のボックスに足を揃えてスタート。両腕を広げながら、片足でボックスから降りて片足で着地。その足ですばやく次のボックスへ跳躍する。尻から大腿部の筋力強化のため、接地は足裏全体で行う。ボックスの乗ったら片足で停止し「バン」と音が鳴るように接地する。左右で行う。

1 体をジャンプで浮かす感覚を身につける
2 リズミカルな跳躍動作をマスターする

POINT ② リズミカルな跳躍動作をマスターする

　ハードルを3足長を目安に10台並べる。足首やヒザ下の筋力アップに最適。ハードルを前に足を揃えてジャンプ。左右の腕を大きく振って、跳躍力をアップする。着地はツマ先から接地して、すばやく次のハードに向かう。ハードルとハードル間のジャンプは、バランスを崩さずリズムよく、すばやく跳ぶことがポイントだ。

跳躍競技に共通するトレーニング②

跳躍力のベースをつくる

POINT ① 両足交互ジャンプで跳躍力をチェック

　両足を揃えた状態から前方に5歩ジャンプする。全身の筋力を利用して、より遠くに跳べるよう足裏全体の接地と腕の振りを合わせることが大切。1歩目より2歩目、3歩目、4歩目、5歩目とジャンプの勢いを増すイメージで行う。ジャンプ力に欠かせない股関節まわりの筋肉を使うので、定期的に計測して練習の進捗度を把握しよう。

POINT ② サイドジャンプとその場ジャンプを組み合わせる

　白線の外側からサイドジャンプして反対の外側まで跳ぶ。着地したら一旦静止し、その場で上方にジャンプし、着地したら反対側にサイドジャンプで戻る。ジャンプに必要な股関節まわりの筋肉を鍛えることができる。着地して止まっているときにも、負荷が続くよう低い姿勢をキープし、全てのジャンプで勢いよく行う。

体幹の力を強化する

POINT ① リズムを意識して跳躍時の腕振りを鍛える

　床に横になり、両手をあげ両足を前に伸ばす。そこからクロスするように左手で右足、右手で左足をタッチする。最後は両足を両手で挟むように勢いよくタッチする。足をあげている時点で腹筋の筋力トレーニングになる。さらに効果アップするには、リズムを意識することが大切で「パン、パン、パン」というように、最後の両腕タッチは強い力で、跳躍時の腕振りをイメージすると良いだろう。

※例：右手左足×5、左手右足×5、両手両足×5を
連続で行う。(15×3セット)

POINT ② メディシンボールを投げて股関節の筋肉を鍛える

両手で1〜3kg程度のメディシンボールを持ってパートナーに投げる。最初は相手を見ながら下から上前方に投げる。腕だけでなく、股関節の筋肉を使ってボールを上方に投げることが大切。次は後ろ向きになって、下から後方へボールを投げる。どちらも投げ終わったあと数歩、投げた方向に進むように体全体を利用する。腕だけの力で投げないよう注意。

下から

後ろ向きから

跳躍競技

跳躍競技を続けていると、いくつかの壁に阻まれる。
その壁を乗り越えることが好記録につながる。
ここではアマチュア選手が悩んでいる、
いくつかの課題や問題について考えてみよう。

Q.1
走幅跳の選手から走高跳の選手に転向は可能？

A.1

大学の競技レベルでの転向は難しい。ただし走幅跳びから三段跳、あるいはその逆は
競技の特性からスムーズに転向できる可能性がある。まれに走高跳の選手がトレーニ
ングを行うことによって 100 mの走力が身につき、スピードを利用して走幅跳の能力
を発揮できる例がある。

Q.2
試技を重ねていく過程でどうしても集中できない

・・・

A.2
目標とポイントを持って跳躍することが重要だ。一番最初の1本目は、それまで練習を振り返りつつ、練習と同じようなドリルをして準備を整えることが大切。1本目から2本目、2本目から3本目の間は、その前の跳躍内容を振り返り、しっかりコーチと話をして修正するポイントをもう一度確認する必要がある。そうすることで次試技に集中力を持って挑むことができる。

Q.3
効果的なウォーミングアップ方法を知りたい

・・・

A.3
ウォーミングアップは身体の柔軟性を出すために、ゆっくりなジョギングからはじめると良い。そこからストレッチを行うと効果的。特に走幅跳の選手は尻や太腿の筋肉を使うので、大きな筋肉をゆっくり温めていく。実際に競技場の中に入ってから、試合がはじまる前に一度全力疾走の動きを入れる。また踏み切りのタイミングを確認し、不安なく精神的にもリラックスできる状態にすることが重要だ。

Q.4
試合の次の日以降の疲労感がなかなか抜けない

・・・

A.4

試合では気持ちが高まり、練習時以上の強度を増した動作で跳躍する場面が多く、また不安から焦ってくることもある。その気持ちを紛らわすために、体を動かし過ぎたりする選手がいる。試合後に疲労感があるのは、それらが理由のひとつ。クールダウンについても、跳躍選手は「走る」「跳ぶ」という複合的な動作をしているので筋肉に大きな負担がかかっている。ゆっくりとした動作で筋肉を大きく可動させてほぐすことが重要になってくる。ジョギングを多めにし、ストレッチをしながら当日の反省を行う。

Q.5
跳躍競技に魅力を感じるが、どの種目にすればいいか悩んでしまう

・・・

A.5

それぞれの種目には適した身体能力や特徴がある。しかし高校生の競技者までは多くの種目にチャレンジすることが必要。あらゆる種目にチャレンジしたうえで、自分の適性を見極めることができる。また専門種目以外にチャレンジすることで、自分の得意な種目を客観的に見ることでき、記録を伸ばすヒントに気づくことがある。

Q.6
身長が高くないが足の速い選手はどんな種目に適正がある?

・・

A.6

走高跳びと三段跳は、身長が大きく左右する。特に走高跳びは高さを競うので腰の位置が高いほど有利になっている。また三段跳びは足を大きく前後に開いて、三回跳ぶ競技なので足の長い長身が有利だ。しかし走幅跳では身長はあまり影響せず、スプリント力と助走スピードがポイントになる。足が速く脚力が強い選手が適している。

Q.7
自分の身長以上の跳躍をするということはケガもつきもの?

・・

A.7

特に棒高跳は、ちょっとした技術のミスでマットの外に落ちて怪我をすることがある。走幅跳にしても砂場が整備がされてない場合は、足首をとられて捻挫してしまうこともある。クラブまたは選手全員が十分に注意をして、跳躍前のグラウンド整備や用具の点検を行うことでケガは未然に防ぐことができる。整備された環境では質の高い練習ができ、結果的にパフォーマンスも向上する。

監修者プロフィール

森長 正樹（もりなが まさき）

1972年3月27日生まれ、兵庫県出身。太成学院大学高等学校（当時：太成高等学校）から日本大学、ゴールドウィンと2008年まで走幅跳競技者として、1992年のバルセロナ、2000年のシドニーと2度のオリンピックに出場するなど活躍。1997年の世界陸上では9位、1998年のアジア選手権大会では走幅跳で28年ぶりとなる金メダルを日本にもたらす。7m96cmの高校記録（2020年現在歴代2位）と、8m25cmの日本記録（2020年現在歴代3位）を持つ。現在は、日本大学陸上競技部の跳躍ブロックコーチを務め、後進の指導にあたる。橋岡優輝選手（8m32cm、2020年現在歴代2位）など、優秀な選手を育てている。

○**制作スタッフ**

デザイン	居山勝
カメラ	柳太
編集	株式会社ギグ

記録が伸びる！陸上競技　跳躍　新版
～走り幅跳び・三段跳び・走り高跳び・棒高跳び～

2020年12月15日　第1版・第1刷発行

監修者　森長　正樹　（もりなが　まさき）
発行者　株式会社メイツユニバーサルコンテンツ
　　　　（旧社名：メイツ出版株式会社）
　　　　代表者　三渡　治
　　　　〒102-0093 東京都千代田区平河町一丁目1-8
印　刷　株式会社 厚徳社

◎『メイツ出版』は当社の商標です。

©ギグ,2016,2020.ISBN978-4-7804-2414-0 C2075 Printed in Japan.

ご意見・ご感想はホームページから承っております。
ウェブサイト　https://www.mates-publishing.co.jp/

編集長:折居かおる　副編集長:堀明研斗　企画担当:堀明研斗

※本書は2016年発行『記録が伸びる！陸上競技　跳躍　～走り幅跳び・三段跳び・走り高跳び・棒高跳び～』の新版です。